7人の起業ストーリーから学ぶ

「ひとり起業」最初の一歩

The First Step In Starting A Business On Your Own

Learn From The Entrepreneurial Stories Of 7 People

小田恵理香
阪下大
下山晃
目黒あや
八木あつし
吉岡綾
和田剛

Rashisa

7人の起業ストーリーから学ぶ

「ひとり起業」最初の一歩

はじめに

あなたは今、どんな仕事に就いていますか。
どんな人生を送っているでしょうか。

この本を手にしているということは、現状から抜け出したい、あるいは新しいチャレンジをしたいと考えているかもしれません。

本書は、そんなあなたに贈ります。

日本の平均寿命は延び、１００年生きると言われる時代の中で、今後の生き方に対して、漠然とした不安を抱えている方も少なくないでしょう。

それにともない、「起業家」や「フリーランス」としての働き方に興味を持つ人も、これまで以上に増えていることかと思います。

しかし、いざ「起業しよう」と思っても、ほとんどの人は行動できないのが実情。

なぜなら、起業には多くの課題が待ち受けているからです。

頭では「行動しなければ」とわかっていても、日々のタスクに追われ、いつもと変わらない日常を過ごすだけで精一杯。そんな方もいるのではないでしょうか。

本書には7人の起業家が登場します。

職種はもちろん年齢や生い立ち、学歴、起業のきっかけもさまざまです。

ただ7人に共通するのは、たったひとりで起業し今もなお、ひとりでビジネスを継続していること。

ひとり起業は小さな規模で、かつ自分のペースで仕事をすすめることができます。資金面でも大きなコストがかからないのがメリットで、誰でも気軽に始められる起業スタイルです。

7人の起業家も、今のあなたと同じ。最初は、不安や悩みを抱えながらスタートしたのです。

決して、順調にビジネスを成功させてきたわけではありません。

一つずつ、目の前の課題を乗り越え今があるのです。

本書には、彼らの成功体験だけではなく、多くの失敗や挫折、悩みや葛藤なども綴られています。

あなたがこれから起業家として成功するためのヒントをもらえるでしょう。

起業を成功させるための答えは、一つではありません。
どんな境遇であったとしても、やろうと思えば誰でも実現可能です。

だからこそ、あなたにもできるはずです。

それではさっそく、７人のストーリーを見にいきましょう。

これからの人生をどう生きていくか。
その答えが、本書を通して見つかることを心から祈っています。

Rashisa（ラシサ）出版編集部

Contents

7人の起業ストーリーから学ぶ

「ひとり起業」最初の一歩

医療の現場から人生の伴走者へ！ 臨床検査技師が出産をきっかけに見つけた コーチとしての新たな使命と希望の物語

コーチングオフィス小田 代表
コーチング事業
小田恵理香

コーチングとの出会い …… 12
コーチングを受けての変化、そして起業 …… 16
私が考える世の中のコーチングの必要性 …… 23
読者さんへのメッセージ …… 26

役員への夢か、子どもの笑顔か
コロナ禍で見つけた新しい使命！
大手広告代理店部長から
スイーツ店オーナーへの軌跡

ニコニコココミュニケーションズ合同会社 代表
広告コンサルティング＆米粉フィナンシェ専門店

阪下大

大手企業役員になる夢を捨てた転機 …… 32
未経験から菓子業界へ。決意と葛藤 …… 36
マイナスをプラスに転換し踏み出した一歩 …… 43
夢に向かって …… 47

〝普通〟に縛られた僕が見つけた無限の可能性
海外放浪と起業挑戦を経て見つけた
自分らしく生きることの価値

Akira 代表
Webマーケティング事業

下山晃

普通になりたかった幼少期から学生時代 …… 54
海外経験を通して得られた３つの事 …… 58
普通へのこだわりを手放し、起業を決意するも挫折の連続… … 67
可能性は無限大。自分らしい生き方を見つけよう …… 71

シングルマザーの覚悟が道を拓く！
大手商社からの転身、
貯金を投じた美容サロン起業
娘との幸せな時間を守りながら
夢を実現した私の物語

株式会社Yorisoi 代表取締役
美容サロン経営
目黒あや

覚悟が人生を変える …… 78
学びへの投資が道を開く …… 82
幸せの形は自分で決める …… 85
諦めないことが道を拓く …… 88

のらりくらりから道が開けるまで
居酒屋のフリーターが、流れに身を任せ
直感を信じて辿り着いた
究極の焼き鳥職人への軌跡

炭火焼鳥八木 代表
飲食店経営
八木あつし

すべては流れに身を任せることから始まった …… 94
直感を信じて掴んだチャンス …… 98
現状維持は衰退の始まり …… 102
危機は新たな挑戦のチャンス …… 105

誰もが持つ光を信じて
自己否定の檻から抜け出し
人々の才能を引き出すコンサルタントになるまで
傷ついた少女が見つけた本当の自分

Strengths Development株式会社 代表取締役
能力開発コンサルタント

吉岡綾

自己否定の檻から抜け出すまで …… 112
自分の才能との出会い …… 115
新たなステージへの挑戦 …… 118
あなたの中の光を信じて …… 120

安定を捨てた先に見つけた夢
公務員からインターネットラジオ局の代表へ
７００万円の借金を乗り越えた28歳の決断——

Entrepreneur RADIO 代表
インターネットラジオ事業

和田剛

安定を求めた人生からの解放 …… 126
暗闇の中での模索 …… 130
光明との出会い …… 133
自分らしい人生の始まり …… 135

医療の現場から人生の伴走者へ！臨床検査技師が出産をきっかけに見つけたコーチとしての新たな使命と希望の物語

コーチングオフィス小田 代表

小田恵理香

1988年、大阪府出身。専門学校卒業後、臨床検査技師として約14年勤務。第1子を緊急帝王切開にて出産後、コロナ禍の面会禁止と慣れない育児、術後の激痛、帝王切開に対する偏見でメンタルが不安定に。助産師さんに救われた経験をきっかけにコーチングに出会い起業。その人が「良い人生だった」と思えるよう気づきを与え、導くことを信条としている。CBL コーチングスクール認定コーチ。7つの習慣セルフコーチング認定コーチ。

1日の
スケジュール

7:00 起床・朝食・登園準備

8:45 子どもを保育園へ送迎

9:00 業務開始　メールチェック

10:00 コーチングセッション

12:00 昼食

13:00 コーチングセッション

15:00 コーチングセッション

16:30 セッションレポートの作成

17:15 子どもを保育園へ
お迎え・公園で遊ぶ

18:00 帰宅・夕食準備

20:00 コーチング
勉強会・練習会など

21:00 子供と入浴、寝かしつけ

22:00 翌日の準備

23:30 就寝

コーチングとの出会い

私はもともと、臨床検査技師として病院に勤務していました。

臨床検査技師は、血液検査や尿検査、心電図などの臨床検査を行い、患者さんの体の状態を正しく数値化するという役割を担う職業です。

この仕事に就こうと思ったのは、祖父の病気がきっかけでした。

祖父は大腸がんだったのですが、病気が見つかった時にはすでに末期の状態でした。そんな経験から、「手遅れになる前に早く病気を見つけることができれば」という思いが芽生え、医療の道を迷うことなく志したのです。

臨床検査技師の仕事にはやりがいも感じており、このままずっとこの仕事を続けていくのだろうなと思っていました。

転機となったのは14年目、自身の出産です。

私は息子を自然分娩ではなく、緊急帝王切開で出産しました。帝王切開は、赤ちゃんに影響があるため、全身麻酔ではなく局所麻酔で行われます。正直なところ、物凄く怖かったですし、手術室では「私、死ぬのかも」とも思いました。

幸い、母子とも無事に出産を終えることができましたが、当時はコロナ渦であり、家族と面会をすることが一切できませんでした。帝王切開でできた傷の痛みと後陣痛に耐えながら、病室で一人、慣れない育児のスタート。身体的にも精神的にも辛い状況でした。

ここでさらに追い討ちをかけたのが、インターネットで見かけた言葉です。

「帝王切開になるのは、産前に整体をきちんとしていなかったから」
「帝王切開は楽をしている。ずるい」

自然分娩ができなかった自分が責められているような感覚に陥り、どんどん追い込まれていくのがわかりました。ついには、不妊治療を経て産んだ大切な我が子に対して「この子がいなければ」という感情も湧き上がってきてしまったのです。

そんな時に救われたのが、助産師さんの存在です。助産師さんは私の背中をさすりながら、ただゆっくりと話を聴いてくださいました。

たったそれだけで、沈んでいた心が救われたのです。

人に話を聴いてもらうことで、こんなにも救われるのだと感じた瞬間でした。

その後、産休・育休を経て仕事に復帰しました。復帰後も、医療に貢献できる喜びとやりがいは変わらずにあったのですが、出産前にはなかった「私、このままでいいのかな?」という違和感を抱くようになっていました。

医療従事者は日々、人の命を守るために働いています。なかには、自分のプライベートや家族との時間を犠牲にし、心身をすり減らしながら働いている人もいます。実際に体を壊し、働けなくなってしまった仲間もたくさん見てきました。

そんな時にふと頭をよぎったのが、助産師さんに話を聴いてもらい救われた経験です。

私と同じように悩んでいる仲間達に何かできないかと、新たな思いが芽生えたのです。

当初は、カウンセリングについて勉強しようと考えました。ただ、現場での経験からカウンセリングは生半可な気持ちではできないことも知っていたので一歩踏み出せずにいました。

それでも、移動中や休憩時間など合間の時間を利用して、自分が提供できるサービスはないかとインターネットで検索。そんな時、偶然 Instagram に出てきたコーチングスクールの広告が目にとまりました。

これが、コーチングとの出会いです。

自分自身が救われた経験から、「自分も誰かの助けになりたい」という思いと、本当にやりたいことを見つけるきっかけが生まれたのです。

コーチングを受けての変化、そして起業

のちにコーチングを学ぶことになる、「ＣＢＬコーチングスクール」の広告には、コーチングとはどんなものか、どんなスキルを使うのかを５日間で学ぶことができ、さらに、コーチングセッションを１回受けることができるという内容が書かれていました。

当時、コーチングのコの字も知りませんでしたが、すぐに申し込みをしました。ここで、人生で初めてコーチングを受けることになったのです。

常に正確な情報を導き出す臨床検査技師という職業柄、さまざまなことに対し疑い深くなっていた私は、申し込み後、コーチングについて調べました。すると、「洗脳される」「意味がない」「胡散臭い」など、ネガティブな言葉も多く目に入ってきまし

た。そんなこともあり「本当に大丈夫なのかな」と、セッション当日までは期待よりも不安な気持ちの方が勝っていたのが正直な思いです。

ところが、実際にセッションを受けてみると、いい意味で裏切られました。

後の恩師となる担当のコーチは初対面にもかかわらず、私の「今の仕事にやりがいを感じながらも、どこかモヤモヤとしている現実」や、「本当にやりたいと思っていること」をあっという間に引き出してくれたのです。コーチングの効果を体感した瞬間でした。

セッションのあと、本格的にコーチングを学ぼうと思った決め手となったのは、育児へ活かすことが出来ることと医療現場にもコーチングが導入されていることを知ったことでした。せっかく高い志を持ち医療従事者になっても、心身を壊し現場を離れていく人が少なくありません。以前から「この状況は良くないいな」と、心のどこかで思っていたこともあり、私もコーチングで医療現場の力になれないかと考えたのです。

とはいえ、この時はまだ起業だなんて1ミリも考えていませんでした。自分の周りの人達だけ救うことができれば十分だと思っていたからです。

ですが、コーチングや経営、組織のことを勉強していくにつれて、学んだことをより多くの人のために活かしたいと考えるようになっていきました。

当時はフルタイムで仕事をしていたため、コーチングの勉強は子どもが寝静まってからか、夫が自宅にいる休日を利用しました。コーチングでの活動が増え、少しずつ新しい知識やスキルが身についていくことは、とても嬉しいことでした。

しかし、ふとこの状況を見つめ直した時、家族との時間が減っていることや、睡眠時間が極端に減っていることに危機感を覚えます。このままでは自分の体を壊すだけなく、最も大切な家族を犠牲にしてしまうのではないかと考えました。

ですが、病院にフルタイムで勤務している状況では、時間的な制約は避けられません。

そこで、「自分のやりたいことで独立しよう。やってみよう」と、独立を決意したのです。

「社長になるんやな、ええやん」

起業の話を持ち掛けた時、夫はこう言ってくれました。

今思うと、私がコーチングを勉強し始めた頃から、「いつか起業したいと言い出すのではないか」と思っていたのかもしれません。

夫に理解してもらえたら、いよいよ起業準備です。とはいったものの、今まで人様の身体のことばかり勉強してきた私にとって、何から手をつけたらいいのかさっぱりわかりませんでした。

助けてくれたのは、周囲の仲間達でした。

コーチングスクールでは通常の授業以外に毎月定期的に勉強会を開催していて、その一つに「プレ起業セミナー」がありました。

起業するにあたっての必要なことや心構えを、実際にコーチングを事業として活動している先輩から学ぶという時間です。そのなかで自分はどんな事業をしたいのか、どうして事業を始めたいのか、実際に起業したら、どんなスケジュールで準備をするのかなど、徹底的に向き合いました。

創業は易く守勢は難し。

事業を維持することは、新しく事業を始めることよりも難しい。

起業自体は開業届さえ出せば誰でもできること。ですが、それを維持するのは大変です。

この言葉も、セミナーで学んだことです。それから先輩コーチに勧められ、商工会議所に相談に行きました。起業するうえでの必要な手続きや補助金の活用方法などは、ここでほとんど教えていただいたと言っても過言ではありません。

市と商工会議所が主催する起業塾にも参加し、着々と準備していきました。身近に起業を目指す仲間ができたこの起業塾は、とてもありがたい存在でした。

こうして私は病院を退職し、起業。家族との時間を大切にしながらも、クライアントさんのやりたいことを見つけ、目標に向かう応援をする日々を送れるようになったのです。

「コーチ」の立場となり、実際にクライアントさんとかかわってみると、コーチングの効果をこれまで以上に実感しました。

最初はこちらも心配になるほど疲れ切った状態から、自分で体調管理ができるようになっただけでなく売り上げまで倍増し、お会いした頃とは別人になられた経営者の方。

「私なんて……」と自分に自信を持てていなかったところから、やりたいことを見つけ、目標に向かって大きく動き始めた女性。

新商品がなかなかできない絶望の状態から、コーチングセッションを通じて商品を完成させ、活力を取り戻した経営者の方。

このように、多くのクライアントさんの変化を間近で見ることができています。

私自身も、コーチングを受けて変わった一人です。

過去、自分には何も武器や強みなんてないと思っていました。むしろ、人よりも劣っていると思ってきましたし、当然、自信もありませんでした。

しかし、自分自身を見つめ直してみると、自分の良い所も悪い所もひっくるめて自分自身なのです。コーチングに出会うまでは、失敗すると悲観的になることも多かったのですが、そこから何を学び、失敗を失敗で終わらせないようにするにはどうすればいいのかを考えるようになっていきました。

「私がやりたいことは、その人が病気になり機能停止してしまう前に救うこと」

臨床検査技師としての仕事にやりがいを感じながらも、心のどこかで抱いていた本当の気持ちを引き出してくれたのも、コーチングだったのです。

私が考える世の中のコーチングの必要性

これからの時代、コーチングの手法は必要だと考えています。

私はいわゆる〝ゆとり世代〟の人間です。とはいえ、自分から望んでゆとり世代に生まれたわけではありません。そのため、「これだからゆとりは」と言われると、何とも言えぬ感覚に陥っていました。特に就職したての頃は、悔しくて毎日泣いていました。

また、医療現場は人の命を預かる場所であり、少しのミスが命取りになります。それゆえ医療従事者は、ほんの少しのミスであっても、まるで存在そのものを否定されたような職場の雰囲気と自分自身に抱く罪悪感に悩むことがあります。

このような環境に耐えきれず一人が離職してしまうと、別の一人に負担がかかり、その人もまた耐え切れずに辞めていく。そんな悪循環に陥っている現場は多いのではないかと感じています。

ミスが起こった時「なぜこんなこともできないんだ」と、ただ叱責するのではなく「何があれば良かったのだろうか」というコーチング的な手法で一緒に考える。そうすることで、医療従事者が働きやすい環境となり、安全な医療の提供にも繋がると思っています。

これは、医療の現場だけではなく社会全体に必要な考え方なのではないでしょうか。ただ、せっかく優秀なコーチをつけコーチングを受けたとしても、行動するのはクライアントさん自身です。クライアントさんが何も行動しなければ、そのセッションはただの雑談タイムで終わってしまいます。

時にはコーチングだけでは解決できないこともあります。コーチングは有用なものですが、万能なものではありません。クライアントさん自身が、コーチングを活かしプラスの方向に変化してけるように、普及させていかなければならないと感じています。

先の章でも書いた通り、初めてコーチングを知った時は、正直「胡散臭い」と思っていました。実際に周囲からも、「コーチングなんて胡散臭い」だとか「信用していない」「洗脳されるんじゃないか」とはっきり言われたことが多々あります。また、「コーチング」と称してコーチングをまったくせずに、商材を渡すだけの人や、コーチングとまったく関係のないことをしている人、詐欺まがいのことをしている人に遭遇したこともあります。どんな業界にもよからぬことを考える人は一定数いるものだとは思いますが、真剣にコーチングをしている私達にとっては、本当に困った存在だなと思っています。

世の中のコーチングのイメージを変えていくことも、これからの課題だと感じています。

読者さんへのメッセージ

医療従事者というと、安定・高収入・仕事に困らないというイメージを持たれている方も多いのではないでしょうか？　実際に起業を決めた時に、「なぜ安定を捨ててまで危険なことを……」と言われたこともあります。

臨床検査技師を辞めると決め退職する時、今までの職業とは異なるコーチングの世界に飛び込むことにも驚かれました。

「やらない後悔をするよりは、やって後悔をする方がいい」という言葉をよく聞きます。コロナ渦の時、前日まで元気だった人がウイルスに感染し、人工呼吸器を装着しなければならなくなった状況を目の当たりにしてきました。そんな経験を通し、改めて命について考えさせられた時、この言葉の意味を深く理解しました。

この頃から「当たり前のことは当たり前ではない。人生、いつ何が起こるかわからない」という感情を強く抱くようになったのです。

「本当はコーチの仕事をしたいけど、できない」

そうした思いを抱えたまま何もできずに最期を迎えてしまったら？

約14年間の臨床検査技師のキャリアを捨てて、新たなステージに飛び込むことは、とても勇気のいることでした。

もちろん、夫の理解と協力があってできたことではあるのですが、踏み出したからこそ見ることができた世界があります。多くのことを知ることもできました。

本当にこの判断が正解だったのはわかりません。もしかしたら、「馬鹿なことをした」と笑う人もいるかもしれません。

ただ、自分が本当にやりたいと思った仕事を、やりがい持ってできている私は、幸せ者だと確信しています。

最初の一歩を踏み出すことができるか否かは、自分次第。

みなさんもやりたいことがあるなら、一歩踏み出してみませんか？

あなたへのメッセージ

起業する前、毎日やりがいは
感じているはずなのに
どこか物足りないような、
モヤモヤした気持ちでした。
気づけば、私の足元はぐらぐらでした。
でも、新しいことに挑戦し
自分の足でしっかり立てたとき、
今まで見えなかった景色が見えました。
その道が急斜面なのか平坦なのかは、
挑んでみてわかること。
まずは一歩踏み出してみてください。

小田恵理香さんへの
お問合わせはコチラ

役員への夢か、
子どもの笑顔か
コロナ禍で見つけた
新しい使命！
大手広告代理店部長から
スイーツ店オーナーへの軌跡

ニコニココミュニケーションズ合同会社 代表
広告コンサルティング＆米粉フィナンシェ専門店

阪下大

名古屋在住。ADK・電通在職中はビジネスプロデューサーとして50社以上の広告制作やプロダクト開発に携わる。退社を機に食の世界に貢献したいと考え、料理の腕を磨き、食に関わるスキルを学ぶ。アレルゲンを持ち込まない専用キッチンを構え、8大アレルゲン不使用の米粉フィナンシェ専門店「2525sweets」を開業。現在は、広告コンサルタント、パティシエを兼ねながら、大学で「広告文化論」を講じる三刀流シングルファーザー。

1日の
スケジュール

7:00 起床・朝食準備

7:45 娘見送り・犬の散歩・掃除洗濯

9:00 仕事(月)大学非常勤講師、(火〜土)菓子製造・販売、広告コンサルティング

18:30 夕食準備・犬の散歩

19:30 夕食

20:00 娘との時間(遊んだり、勉強したり、まったりしたり)

21:00 翌日の仕事準備

23:00 入浴

24:00 就寝

大手企業役員になる夢を捨てた転機

サラリーマンである限り、出世してナンボ。

広告最大手の電通に勤務していた当時、本気で役員になりたいと考えていました。

「偉くなるためには何でもする」と心に決め、スキルやキャパが足らない仕事に果敢に立ち向かい、理不尽な上司に噛みつき、寝る時間も惜しんで、人が嫌がる仕事も率先して取り組んできました。

ガムシャラに働いてきた数年後、中途採用から営業部長にまで上り詰めました。

そして、２０２０年1月、43歳の時に名古屋から東京本社へ異動が決まったのです。

「ついに本社で働ける！」「役員に近づける！」

夢の実現へ希望と野望を胸に抱き、明るい未来を信じて上京しました。

しかし、東京で待っていたのは、私が想像していた世界とはまったく異なるものでした。

新型コロナウィルスの影響により、さまざまな広告活動が休止・延期されてしまったのです。さらに、2020年4月には緊急事態宣言が発令。クライアント先に訪問することも禁止され、すべてリモート勤務となりました。

リモート勤務となり業務上、東京にいる必要はないため、一旦、名古屋に戻ることにしました。上京の際に名古屋に残してきた娘も、新型コロナの影響で学校が休みになっており、自宅でリモート勤務をしながら、朝昼晩、娘と食事を共にする生活が始まりました。

仕事最優先で生きてきた私にとっては、このような生活は初めてのことです。コロナ禍の仕事は厳しく難しいことが多くありましたが、娘と過ごす日々はかけがえのない時間となっていきました。

ゴールデンウィークが明け、娘の学校が再開することとなり、私も東京に戻りました。リモート勤務は変わらず、朝から晩まで自宅のパソコン画面と向き合う日々が続きました。

リモート勤務は移動時間の短縮をはじめとした多くのメリットがありましたが、クライアントと直接会ってコミュニケーションをとることで信頼関係を構築してきた私にとって、これまでと同じように成果を上げることが難しいと感じるようになっていきました。

そんな悩みを抱えていた時、会社から早期退職の案内がありました。

それは、退職金が積み増しされるだけのよくある早期退職ではなく、退職後に改めて「個人」として会社と契約し、これまでと同様の仕事を続けることができるという、まったく新しい制度でした。この制度を活用すれば、時間や場所に左右されずに働くことができる。もう一度、娘と一緒に暮らしながら働けるのではないかと考え、心が動きました。

とはいえ、会社を辞めるということは、これまで積み重ねてきたものをすべて捨て、夢だった役員になることも諦めるということです。

同時に、自分に期待し、営業部長にまで昇進させてくれた上司や、信じてついてきてくれた同僚・後輩を裏切ることにもなります。電通への転職が決まり、ものすごく喜んでくれた両親のことも考えました。業務の面でも、多くの方に迷惑をかけることは明らかだったため、とてもとても悩みました。

数日間休暇を取って山にこもり、自分のキャリアや家族について見つめ直しました。そして、「一度きりの人生、自分が本当に進みたい道を歩みたい」と、自分の考えが明確になったのです。

「子どもと一緒の時間を過ごしながら、やりたい仕事をする」という、はたから見るとわがままな選択に思えるかもしれませんが、私はその道を進むため、憧れであり大好きだった電通を辞めることを決意。2021年1月、退職し独立しました。

退職に至るまでは本当に多くの方々に相談に乗っていただいたり、退職を引き止めてくださったりと、今でも感謝の気持ちでいっぱいです。

未経験から菓子業界へ。決意と葛藤

会社を辞めて新たに何の仕事をしようかと考えた際に浮かんだのは、「食物アレルギーがある方のために何かできないか」ということでした。学生時代から食べることや料理が好きだったことに加え、広告代理店時代に、食に関わるクライアントを数多く担当していたことで、食育や飲食業界に対して興味を持っていたからです。

何より、同時期に産まれた娘に重度の食物アレルギーがあったことが、大きなきっかけです。娘は離乳食が始まる前に行った検査で、小麦粉や卵、乳製品など、口にするとアナフィラキシーショックを発症する可能性がある食材が多くあることが判明したのです。

自宅で作ったものを食べている間は何とかなっていたのですが、娘の成長とともに外出の機会が増え痛感したのが、社会の食物アレルギーへの対応の遅れでした。

外食の際には事前にお店に連絡し、アレルギー対応について確認しなければなりません。娘が食べられるメニューを提供するお店にしか行くことができないのです。食べられるお菓子も煎餅やドライフルーツくらいで、楽しく選んで買うというより、限られた中から仕方なく買うという形でした。パッケージに娘が大好きなキャラクターがあしらわれたお菓子を買ってあげることもできなかったし、誕生日にイチゴがのった生クリームたっぷりのケーキでお祝いすることもできませんでした。

食物アレルギーがあるということは、本人はもちろん、その家族も周りの人も辛い思いをすることがあります。周りに迷惑を掛けないよう、自分に食物アレルギーがあることを隠したり、無理に周りに合わせたり、常に気を遣いながら生活しています。このような現状を知り、食物アレルギーがある人もない人も、一緒に食を楽しむことができる世の中にならないか、その世界の実現のために自分ができることはないか考えました。

とはいえ、当時の私の知識や技術は素人同然です。そんな自分が食の業界で仕事をしていくためには、大至急リスキリングを行う必要がありました。できるだけ早くその業界で働きたいと考えた私は、さまざまな方法を模索しました。管理栄養士や調理師になることも検討しましたが、いずれも資格取得のためには数年間学校に通い、実務経験を積む必要があります。

せっかちな私が、最低限の装備（知識&技術）を最短で習得するために選んだのが、食育、食物アレルギーに関する知識を身に付けることと、料理のスキルを上げることでした。

知識に関しては、少しでも箔をつけるために、通信教育で「食育アドバイザー」「アレルギー対応食アドバイザー」「フードコーディネイター」の資格を取得しました。

料理のスキルは、自宅近くのショッピングモールにある大手料理教室で学びました。受講生の9割が女性だったため、その中でオッサンが参加していいか悩みましたが、この業界で働きたいという強い想いと、キャンペーンのおトクさに背中を押され思い切って入会。同じ受講生の素敵なマダムとワイドショー談義をしながら、料理の基本である包丁の握り方から、本格的なボンボンショコラの作り方まで学びました。やるからにはとことんやりたい私は、最終的に「料理」「パン」「ケーキ」3つのコースを最短の1年で卒業。すべてのコースで講師の資格まで取得したのです。

料理教室の授業のなかで、最もハマったのがケーキでした。会社員時代から自称「スイーツ男爵」として名を馳せ、甘いものには目がなかった私でしたが、自分で本格的なケーキを作ったことはありませんでした。ですが、授業で作ったケーキを「おいしい！」と笑顔で食べてもらえたことに、純粋に作ることの楽しさを感じるようになったのです。

ただ、ケーキ・お菓子作りには小麦粉、卵、乳製品は欠かせません。ふんわりやわらかい食感や濃厚な甘さを出すためには、いずれも必須の材料です。料理教室でケーキを作りながら、食物アレルギーの勉強をしていた自分にとって、これらの食材は真逆のものであり、葛藤の日々が続きました。

お菓子は人を笑顔にするものですが、食物アレルギーの人は普通のお菓子では笑顔になれません。友達とカフェに行っても、食べられるケーキが一つもないことがほとんどです。

娘が幼い頃、アレルギー対応専門のケーキ屋を利用したことがあります。そのお店のケーキはアレルゲン不使用なのに、見た目は一般的なケーキと遜色ありませんでした。しかし、生まれて初めてケーキを食べた娘は一口食べ、それ以上口にしませんでした。生クリームやスポンジ、チョコレート……見た目は同じでも、味はどれも違うものだったのです。

幸い、娘は大きくなるにつれて食物アレルギーが少しずつ改善し、食べられるものも増えましたが、自分からケーキを食べたいと言うことはありませんでした。食物アレルギーの有無に関わらずおいしいと思えるお菓子でないと食べた人を幸せにはできないのです。

そういう思いから、「アレルギーのある人もない人もおいしく食べられるお菓子」という私の目指すべき道が見えてきました。

試行錯誤すること1年余り、一つのレシピに辿り着きました。それは、小麦粉・卵・乳製品不使用の「米粉フィナンシェ」です。米粉、豆乳、米油、アーモンドプードル、きび砂糖を使った優しい甘さのフィナンシェは、小麦粉や卵が食べられない方にもふんわりしっとりした食感が味わえます。そして何より、アレルギーのない方にも「おいしい！」と言ってもらえる味に仕上げることができたのです。このフィナンシェのレシピをベースに、さまざまな味のフィナンシェを開発しました。食物アレルギーがある方にも、たくさんの種類から自分が好きな味を選ぶ楽しさを味わってもらいたいという思いからです。

また、お菓子の販売方法にも課題がありました。お菓子を作って売るためには、「菓子製造業」の許可を得たキッチンが必要です。コロナ禍で飲食店が厳しい状況に置かれているなかでの新規開業は大きなリスクがあり、シングルファーザーとして小さな子どもを育てながらの店舗経営は現実的ではありません。

レンタルキッチンを借りてマルシェで売る方法も考えましたが、私が作るのは小麦粉・卵・乳製品不使用のお菓子です。一般のレンタルキッチンは他の利用者が小麦や卵、乳製品を使用します。重度の食物アレルギーの方は、小麦粉一粒でもアレルギー症状が出てしまうリスクがあるため、安心して食べられるお菓子を作るためにはレンタルキッチンを使用することはできません。

また、販売の場として考えていたマルシェは、新型コロナの感染予防対策でほぼすべてが開催中止となり、再開の目途が立っていませんでした。レシピはあるのに、作ることも売ることもできない状況でした。

一方、退職後も引き続き行っていた広告の仕事は順調で、生活に困ることはありませんでした。やりたい仕事をするために会社を辞めたはずなのに、結果的に退職前と変わらない生活。夢と現実とのギャップに悩む日々が続いたのです。

マイナスをプラスに転換し踏み出した一歩

ある日、電通時代の後輩と飲みに行く機会がありました。いつものように仕事の思い出話で盛り上がったあと、現在の仕事の話になりました。そこで「新しいことを始めたいのに、子育てとかコロナとか、いろんな制約があってなかなか難しいなぁ……。広告の仕事はそれなりやし、やっぱり電通の時はよかったよ」と、つい愚痴を吐いてしまったのです。

すると、先ほどまで笑っていた後輩から、思いもよらない言葉が返ってきました。

「先輩。何をダサいこと言ってるんすかっ⁉　いつまで思い出話を肴に酒を飲むつもりですか⁉　やりたいことがあったら、どんな障壁があっても、その実現のためにとことん考えて、突き進んでいくってことを教えてくれたのは先輩じゃないですかっ！」

まるで頭を氷のバットでぶん殴られたかのようでした。5時間も酒を飲んでいたのにもかかわらず、一瞬で酔いが覚めました。会社員時代、役員になるためにガムシャラにやってきた自分が「ダサい奴」になっていたなんて。子育てだの、コロナだのと言い訳をしてチャレンジしていないだけだったということに気付かされたのです。

早速、次の日に事業計画を立て直しました。やりたいことを始めるために必要なこと、今置かれている環境でも始められること、理想通りでなくてもできること、始められることが何かを、頭をフル回転させて考え、ロードマップを作りました。

お菓子を作る場所がなければ、自分でその場所を作ればいい。リアルなお店ができないなら、オンラインショップで開業すればいい。むしろオンライン販売ならお客様のエリアが限定されず、全国の食物アレルギーに困っている方にお菓子を届けることができる！

このようにマイナスをプラスに転換する発想で、突破口を導き出したのです。

「ピンチをチャンスに！」

電通時代、後輩や部下に口酸っぱく言っていたことを思い出しました。

そして、退職してから2度目の桜の季節。アレルゲンを一切持ち込まない専用キッチンを自宅近くに構え、食物アレルギーがある人もない人も一緒に食べられるお菓子を販売するオンラインショップ「2525sweets（ニコニコスイーツ）」をオープンしました。

オンラインショップにしたことで、仕事のスケジュール管理も効率よくできるようになりました。たとえば、お菓子の販売は1週間販売を行い、1週間分をまとめて発送。販売数を1日で作れる量に定め、製造日はお菓子を作ることだけに集中し、翌日に梱包・発送を行うという形にしました。これにより、他の仕事や子育てとの両立もしやすくなりました。また、完全受注生産にすることで、売れ残りや材料の仕入れなど、食品ロスを最小限に抑えることにも繋がりました。

お店のオープン後は、ありがたいことに会社員時代や学生時代に繋がりのあった全国の方々からたくさんの注文をいただくことができ、オンラインショップにしてよかったと改めて実感しました。売上は想像を超えるもので、オープン後数時間で、1

カ月先の発送分まで完売。なんと、オープン初日から1カ月待ちの「幻のお菓子」となったのです。

購入していただいたほとんどの方は、食物アレルギーには特に影響のない方々でしたが、「本当に小麦粉も卵も使っていないの⁉」と、うれしい感想をいただきました。その後、SNSや口コミのお陰もあり、直接知り合いでない新規のお客様にも買っていただけるようになり、食物アレルギーに悩んでおられる方からも、「生まれて初めてのふんわり食感に、子どもが感動していました。こんな素晴らしいことを始めてくださりありがとうございます」と、身に余るお言葉をいただきました。

また、お店を開業してすぐに電通時代の先輩から、大学で非常勤講師として広告の講義をしてみないかとお話をいただいたのです。以前から、「広告業界に貢献したい！」「広告の面白さをたくさんの方に伝えたい！」と思っていた私にとっては非常にありがたいお話で、即答でお受けすることにしました。

一つの仕事がうまくいくと、他でも良いことが起こり始めたのです。

夢に向かって

私は現在、月曜日は大学で非常勤講師、火曜日から土曜日まではパティシエとしてお菓子の製造・販売を行いながら広告コンサルタントとしても活動しています。オンラインショップでオープンした2525sweetsはお陰様で2024年3月に実店舗を開業することができました。自分に言い訳をして行動できていなかったあの時、後輩のひと言をきっかけに、「まずはできることから」と、一歩踏み出して本当によかったと思っています。

「子どもと一緒に時間を過ごしながら、やりたい仕事をする!」

そう心に決めて大好きだった会社を辞めましたが、それまで行ってきた仕事との調整や、新型コロナの影響、子育てとの両立などの要因から、肝心の一歩を踏み出すことがなかなかできませんでした。

しかし、後輩の言葉で奮起し、発想を転換することで、自らアレルゲンを持ち込まないキッチンを作り、オンラインショップで開業するという一歩を踏み出すことができました。

最初の一歩がきっかけとなり、その後はさまざまなことが前に進むようになりました。広告代理店時代の経験をベースに広告コンサルティングの仕事に加え、食に関する知識・経験も評価していただき、企業からの新規事業開発の相談や、飲食店からのコンサルティング依頼など様々な相談もいただくようにもなりました。

２５２５sweets は実店舗をベースに、今後は卸売や委託販売、マルシェ出店など全国へ販売チャネルの拡大を推進していきます。

実店舗をはじめとしたリアルでの販売は、お客様の反応や生の声を聞くことができ、とても励みになります。生まれて初めてのふんわり食感のお菓子を美味しそうに食べるお子さんの顔や、その姿を嬉しそうに見つめる親御さんの笑顔を見ると目頭が熱くなります。

また、食物アレルギーをお持ちの方から「友達と一緒にカフェで同じケーキを食べたいという夢が叶いました！」と言っていただいた時には実店舗の営業を始めて本当に良かったと思いました。これからもたくさんの方の笑顔を見るために、いつかはお菓子だけでなく、アレルギー対応の料理も提供する店舗の開業を目指したいと、夢は膨らみます。

夢の実現のためにはまだまだたくさんのハードルがありますが、今できる準備を少しずつやっていきたいと考えています。

なぜなら、大きな夢の実現のためには、どんな形でもまずは小さな一歩を踏み出すことが大切だということを、身に染みて知っているから。

あなたへの
メッセージ

事業がうまくいかなかったり
停滞した時は、
逃げるのではなく、
その理由を分析し向き合ってみる。
実はその理由こそが、
自らの事業の一番の強みであり、
武器となる。
ピンチをチャンスに！

阪下大さんへの
お問合わせはコチラ

〃普通〃に縛られた僕が見つけた無限の可能性
海外放浪と起業挑戦を経て見つけた自分らしく生きることの価値

Akira 代表
Webマーケティング事業

下山晃

1999年、鹿児島出身。高校卒業後、ヨーロッパに渡航。帰国後、レストランやホテルで働きながら複数の副業に挑戦するも、借金を抱える。2020年のコロナ禍で失業し、生活と借金返済のため21歳でホストを始める。起業への夢を捨てきれず、メンターの元でビジネスを学び、Web事業を開始。取り組み始めて1年でビジネスが軌道に乗る。現在は、Webマーケティングを軸に広告代理業、自社コンテンツ作成など幅広く活動。

1日の
スケジュール

8:00 起床・SNS等の連絡チェック

9:00 コンテンツ作成・メルマガ等の執筆

12:00 人と会う・タスクに取り組む

19:00 予定がなければ帰宅・SNS更新

20:00 ご飯or外食

22:00 SNSチェック・タスク管理

23:00 読書・プライベート時間

26:00 就寝

普通になりたかった幼少期から学生時代

僕は一般的な家庭とは少し違う特殊な環境で育ちました。両親は熱心な新興宗教の信者で、教祖を慕う人々と共同生活をする環境の中で育ちました。同じような境遇の子どもたちも多く、大人たちが勉強を教えていたため、保育園や幼稚園は行ったことがありません。

両親は転々と様々な仕事をしていましたが、基本的に父は派遣会社の会社員、母はパートだったので特段裕福でもなく、生まれた環境が特殊だっただけで、あとは平凡に生きてきました。

小学生になると普通の学校に通ってはいましたが、小学3年生の時に両親の方針から親元を離れ寮制のフリースクールに通い、普通の学生とは異なる学生時代を過ごしてきました。ただ、大きくなるにつれて他の学生たちと比べ、学業がかなり遅れており、"普通"でないことに劣等感を感じ始めたんです。

中学2年生になると、「普通の学校に行きたい」という気持ちが強くなり、なんとか両親を説得し、実家に帰り近くの中学校に転校することになります。この頃の両親は父と母の2人暮らしでしたが、僕が普通の学校に通うことに最後まで納得しなかった母は家を出て行ってしまいます。

僕は父と2人暮らしをしながら中学校に通うことになりますが、これまでのある程度自由に過ごしてきた学校生活から一転して、決められた細かいルール、課せられた大量の宿題、義務教育の制限された生活、ついていけない授業、苦手な団体行動などの壁にぶつかってしまいます。

集中力が全くなく、勉強が苦手だったため、テストの点数はいつも20点以下。そのうち、喧嘩ばかりする同級生や先輩たちと遊ぶようになり、遅刻は当たり前、サボることが多くなり、通知表はオール1。念願だった普通の学生生活でしたが、明らかに悪い方向へと染まってしまいました。

下山晃

55

そんな僕が行き着いたのは、名前さえ書けば入れるような地元の工業高校。相変わらず勉強には身が入らず、遊びやバイト、趣味でやっていた格闘技に明け暮れ、申し訳程度に資格を取るような高校時代でした。

進路の時期になると担任の先生からは、「早く就職先を決めるかなんとかしろ」と事あるごとに言われるようになります。将来の夢も目標もやりたいこともなかった僕はギリギリまで進路に悩みます。少し興味のあった美容師になる選択肢も考えましたが、専門学校に行くお金がないため断念。流石にニートになるわけにはいかないので、資格を活かせる工業系の会社を考えていた時にある転機が訪れます。

それはフリースクール時代の先生から、「やりたいことがないなら1回海外に行ってみるのもいいと思うよ。視野も広がるしその間にやりたい事も見つかるかもしれないよ。」「今度の夏にうちの学校の企画で国際交流の一環として1ヶ月ヨーロッパに行くんだけど来る?」とお誘いをもらったんです。「まぁやりたい事もないし、海外経験してみるのもありかな。」と僕は軽いノリで参加することにしました。これが後に僕の人生を変えるきっかけとなります。

海外経験を通して得られた3つの事

フリースクール時代の先生の提案から僕は海外に行くことに決めますが、英語も話せなければ海外経験もありません。ですが不思議と不安などはありませんでした。

そして先生の提案から、「どうせ海外に行くなら色んな国を見て周ったら？」と提案をもらい、1ヶ月は先生たちやその学校の生徒たちと現地でホームステイ、2ヶ月は各国をバックパッカーとして廻ることになります。最初は1人の予定でしたが、身近な付き合いの長い人の中で海外に行ってみたいという人がいたため、2人で旅をすることに。お互い英語も話せなければ初めての海外経験です。

就職先も決めずに卒業をしたので、担任や同級生からは〝頭のおかしいやつ〟と思われましたが、元々普通から外れて生きてきたので非常識とも思わず、「まぁ何とかなるだろう」と、当時は深く考えませんでした。

海外に行くと決めてからは資金を稼ぐために引っ越しや飲食店のバイトを掛け持ちし、英語も必要だろうと日常会話をできる事を目標に、毎日参考書の会話の例文を丸暗記していきました。

そのおかげで目標の資金は貯まり、無事に渡航。右も左も分からないまま海外に飛び込みました。

最初は英語面で身振り手振りなどで苦戦をしましたが、2ヶ月も現地に居ると簡単な受け答えくらいは話せるようになり、難しい場面では翻訳アプリを活用して乗り切っていました。今の時代、スマートフォンさえあれば意外と何とかなるものです。

宿やホテルは主にAirbnb、もしくは格安ホテルに泊まり、移動手段は主にバス。ルートとしては羽田空港からドーハを経由し、トルコのイスタンブールに。トルコに数日間滞在し、ギリシャやアルバニア、モンテネグロ、クロアチア、オーストリア、チェコと、東欧から西欧へとそれぞれ観光しながら移動し、ポーランドで1ヶ月ホームステイ。最後の1ヶ月でドイツやオランダ、スロバキアやハンガリー、バルト三国、フィンランドと様々な国に行きました。

ホームステイ先は農場だったため、馬の世話をしたり現地の人の手伝いなどをし、登山をしたり一緒に観光をしたりと色んな体験をしました。時には旅中に裏路地に連れて行かれ詐欺に遭いそうになったり、物乞いにたかられたり、売人に怪しい薬を買うか迫られた時もありましたが、基本的に出会った人の多くは親日家で優しい人が多かったです。

この経験から、自分はいかに狭い世界で生きてきたのかと実感し、今度は「日本のことをもっと知りたい」「もっと色んな経験を積んでいきたい」と思うようになりました。

海外経験を通して得られたことは主に次の3つです。書き出せば本当はもっと沢山ありますが、僕にとって大きかったことは以下のものです。

1：「他人と比較して劣等感を感じることが多かったが、旅を通じて成功体験を積んだことで自分に自信がついた」

2：「自分の人生を客観的に捉え、将来について真剣に考えるようになった」

3：「夢や目標がなかったが、人生を通して挑戦したいことが沢山できた」

1：「他人と比較して劣等感を感じることが多かったが、旅を通じて成功体験を積んだことで自分に自信がついた」

これまでの人生は、常に周りと比べて自分は「普通」ではないと感じ、劣等感を抱えていました。学業の遅れ、普通ではない家庭環境、定まらない将来への展望など、自分には何もないと思い込んでいました。

しかし、海外での経験を通じて、その考えは大きく変わりました。言葉も通じない外国で、様々なトラブルがありつつもその度に乗り越え、遠い国の異文化の中でも自分はやっていけるんだと実感し、自分にもできることがあるのだと気づいたのです。

最初は身振り手振りだった会話が、少しずつ英語で通じるようになっていく。知らない土地で現地の人たちと交流を深めコミュニケーションを取っていく。そういった一つ一つの経験が、小さな成功体験となっていきました。

これらの経験を通じて、「自分にはできない」というのはただの思い込みで、一歩踏み出すことさえできれば意外と「やればできる」という自信に変わっていったのです。

2：「自分の人生を客観的に捉え、将来について真剣に考えるようになった」

日本にいた時は、目の前のことをなんとなくこなすだけの毎日でした。特に何かに感動する事もなく、ワクワクして過ごすこともなかったのです。しかし、一緒に旅をしていた人と途中、別行動をして1人で観光をしたり、国を廻って過ごす時間がありました。

日本語を話す人が1人も居ない異国の地で、見知らぬ国の街角で1人カフェに座っていると、否応なしに自分と向き合う時間が生まれます。「自分は何がしたいんだろう」「このまま帰国して、また何となく過ごしていていいのだろうか」という問いが、これまでになく鮮明に心に浮かびました。

そして、異国の地で様々な人生を歩む人々と出会ったことも、自分の人生を見つめ直すきっかけになりました。印象的だったのは、バックパッカーとして出会った様々な旅人たちです。20代で起業し、仕事をリモートで行いながら世界中を旅する人。大学を卒業後、いったん就職したものの、自分のやりたいことを見つけるために退職し、旅に出た人。定年後、これまでの人生で行けなかった場所を巡る老夫婦。それぞれが自分なりの理由と目的を持って旅をしていました。

彼らと語り合う中で、「人生に正解はない」ということに気がつき、周りと同じように生きることが「普通」で「正しい」と思い込んでいた自分が、いかに視野が狭かったかを実感したのです。

３：「夢や目標がなかったが、人生を通して挑戦したいことが沢山できた」

海外へ行く前の僕は、「やりたいこと」も「なりたい自分」も分からず、ただ漠然と日々を過ごしていました。しかし、３ヶ月の海外経験を通じて、挑戦してみたいことが次々と生まれたのです。

その一つが「語学」です。英語でのコミュニケーションに苦労した経験から、「もっと自由に色んな国の人たちと話せるようになりたい」という強い思いが芽生えました。もっと真剣に英語を勉強して「スムーズに現地の人とコミュニケーションを取れるようになる。」というのが一つの新しい目標です。

もう一つは、20代で起業してパソコン1つで仕事をしながら旅をしている人に出会ったことです。その人は好きな時に好きな場所で仕事ができる生活をしていて、「こんな生き方もあるんだ」と衝撃を受けました。それまでの僕は、仕事といえば決まった場所に毎日通うものだと思い込んでいたからです。そしてその若さで起業して自立している事実に、素直に「かっこいいな」と思いました。進路のことを考える時は身近に起業している人なんて1人もおらず、選択肢にすらなかったことです。その人との出会いをきっかけに、「起業して世界を旅しながら仕事がしたい」という新しい夢が生まれました。

このように、日本にいた時は夢も目標もなかった僕でしたが、環境を大きく変え、新しい世界に飛び込んだことで、人生観は大きく変わりました。それまでの「普通」に縛られていた価値観が解き放たれ、「夢」や「目標」、「自分らしい生き方」を見つけることができたのです。

もし、あなたが今やりたいことが見つからない、夢や目標がない、という状態であれば、一度大きく環境を変えてみることをお勧めします。海外でなくても、普段出会わないような人たちに会いに行く、行ったことのないところに行く、普段読まないような本を読んでみる、やったことのないことに勇気を持って挑戦してみる。そうすることで、新しい発見があり、自分の中で何かが変わるきっかけになるはずです。

普通へのこだわりを手放し、起業を決意するも挫折の連続…

帰国後、「起業したい」という思いは強くありましたが、身近に経営者が居なかったため、何から始めればいいのか、具体的な方法が分かりませんでした。そこで、「起業したいなら実際に起業している人、経験がある人に話を聞くのが早い」と思い付き、実際に行動を起こすことにしたのです。

ホテルで働きながら、休日は片っ端からビジネスセミナーに参加。ネットで調べては様々なビジネスセミナーに顔を出していました。そこで出会った人たちから紹介された副業にも次々と挑戦しましたが、全てが失敗に終わり、最終的には借金を抱えることになってしまいます。

そんな中、追い打ちをかけるようにコロナ禍が始まり、ホテルの仕事が激減。一人暮らしをしていた僕は、生活費と返済に追われる日々を送ることになります。一時は家賃すら支払うことが出来ず、ホームレスになりかけたこともあります。借金を返すため、ホストの仕事も始めましたが、どうしても起業への夢を諦めることが出来ず、夜働く傍ら、起業への道を模索し続けていました。

そんな時に転機は思わぬところから訪れます。それは昔ビジネスセミナーやイベントなどに顔を出していた時に、「将来起業したいから経営者を紹介してください」と出会った人全員に声をかけ、紹介してもらった方との再会です。当時は1度お会いしただけでその後の関係はなかったのですが、たまたま連絡を頂き、再度お会いすることになったのです。

そこでの再会から、自分自身の現状を包み隠さず相談したところ、その場でその方の元でビジネスを学ぶ機会を与えて頂きました。つまり初めてのメンターです。

1から「本格的にビジネスを学ぼう」と決心し、その方の元で勉強会という形で毎週2時間、対面で様々なビジネスのイロハを学びました。マーケティングからセールス、ビジネス設計、コピーライティング、広告、心理学、DRMなど、幅広くビジネスの知識を学び、その中でＷｅｂマーケティングという世界に出会います。「旅をしながら稼いでいくならこの仕事しかない！」「自分の理想の働き方だ」と直感で感じ、本格的にＷｅｂマーケティングの世界に飛び込んでいきました。ただ、最初は思うような結果が出ず、心が折れそうになったことは何度もあります。あまりにも結果が出ないため、「自分には才能がないかもしれない…」「周りの人たちはどんどん結果を出しているのに自分だけ…」と、徐々に自尊心を失っていきます。「もうビジネスを諦めて夜職一本で生きていこうか…。」と心が揺れたときもあります。ですが、海外経験での「やればできる」という気持ちを胸に、睡魔で死にそうになりながら、夜の仕事での二日酔いでふらふらの状態の中、早く起きてはカフェに行き作業に取り組み続けました。

その結果、副業として初めて10万円を稼ぐことができたのです。様々な副業に取り組んできましたが、これが自分の力で稼ぐことができた一番の成果でした。数字にすると大したものではないかもしれませんが、僕の中では自分がやってきたことが報われた気持ちになり、大きな自信となりました。

一度上手くいってからは自信もつき、取り組み始めてから1年後には、サラリーマンの何倍もの収入を得られるようになり、今ではWebマーケティングを軸とした事業を展開し活動をしています。

かつての夢だった「旅をしながら仕事をする」ことも、今では仕事のほとんどはネット環境さえあればどこでもできるため、自由に行きたい場所に行き、ホテルやカフェなどで仕事をしています。

ただ、「世界中を廻る」ということはまだ達成していないため、3年以内には実現したいなと考えています。

可能性は無限大。自分らしい生き方を見つけよう

こうして改めて自分の人生を振り返ってみると、波瀾万丈かつ、計画性が皆無、「思い立ったらとりあえずやってみる」という傾向が見られると思います。勘の良い方ならここまでの文章を読んで気が付いた人もいるかと思います。集中力がない。後先考えずに行動する。興味のあること以外は一切できない。忘れものすることはしょっちゅう。昔は自分のこの性格、特性にかなり悩んだ時期もあり、調べたところ軽めのADHDであることが分かったんです。あらゆる食事法やサプリなどを試したものの、最終的には、「治しようがないのか…」と当時の僕は落ち込みました。

しかし、今ではこの特性が自分の強みでもあると実感しています。興味のあることはとことん熱中できますし、新しいことに挑戦するエネルギーも人一倍あります。その分失敗も多いですが、立ち直りも早いため、再度起き上がり、次に向けて動き出す

ことができます。

僕自身、自分のこの性質を受け入れ、それを活かす生き方・働き方を見つけたことで、僕は自分らしい人生を歩むことができるようになったのです。そして、これは誰にでも言えることです。

「今の自分の人生に納得がいっていない。」「今の働き方に違和感を感じている。」「挑戦したいけど勇気が出ない。」「自分に自信が持てない。」など。

過去の自分のように、進むべき道に迷い、将来に対する不安や焦りを感じている人もいるかもしれません。

ですが、「変わりたいのに変われない。」「やりたいことがあるのにそれができない。」それを妨げているのは何でしょうか?

人によってはお金かもしれないですし、時間、家族、他人の目、もしかしたらそれを妨げているのは、自分自身が無意識のうちに受け入れている「常識」や「当たり前」、「自分にはできない。」という枠組みや思い込みかもしれません。

人生の選択肢は、無限大です。「会社員になって、結婚して、マイホームを建てる」というのは、確かに一つの幸せな生き方です。でも、それが全ての人にとっての「正解」とは限らないです。

僕の例で言うと簡単なバイトですら失敗ばかりして怒られまくっていました。バイトですらままならないのに、会社員なんて到底務まる未来が見えません。運良く〝起業〟という選択肢が目の前に現れ、我武者羅に掴んだ結果、今の自分があるわけです。

結局、〝普通〟や〝常識〟として僕たちが信じていることの多くは、誰かが決めた「物差し」に過ぎないんです。その物差しで自分を測る必要は、本当はどこにもありません。

あなたにしかできない生き方があります。あなたの心が震えるような仕事や活動があります。それは、会社員かもしれませんし、起業家かもしれません。芸術家や歌手のようなアーティストかもしれません。あるいは、今は誰も思いつかないような、全く新しい生き方かもしれません。

自分にとって天職なのかどうか。自分の強みを活かせる仕事なのか。自分らしい生き方なのかは実際にやってみないことには分からないです。

それを知るためには、まずは一歩を踏み出すことです。大きなアクションでなくても、興味のある分野の本を手に取って読んでみるだけでも、価値観や行動が変わり、バタフライ効果のように人生が大きく変わる可能性を秘めてきます。

是非、ご自身の心の声に従って、少しでもやってみたいと感じていたことに挑戦してみてください。

あなたへの
メッセージ

「普通」という物差しに
縛られる必要はありません。
あなたの人生に正解は一つじゃない。
たとえ今は自信がなくても、
一歩踏み出す勇気さえあれば、
必ず自分らしい道は見つかります。
大切なのは、心の声に素直に従うこと。

下山晃さんへの
お問合わせはコチラ

シングルマザーの覚悟が道を拓く！大手商社からの転身、貯金を投じた美容サロン起業娘との幸せな時間を守りながら夢を実現した私の物語

株式会社Yorisoi 代表取締役
美容サロン経営

目黒あや

1986年大阪府生まれ。同志社大学卒業後、大手商社に入社。30歳で出産し、その後シングルマザーとなる。33歳で美容サロンを自宅で開業。現在は京都の町家を改装した店舗で、完全予約制のプライベートサロン「Yorisoi」を経営。丁寧なカウンセリングと確かな技術で多くのリピーターを持つ。「お客様の人生に寄り添うサロン」をモットーに、ひとりひとりに合わせたオーダーメイドの施術を提供している。8歳の娘と京都で暮らす。趣味は娘との料理と古着屋巡り。

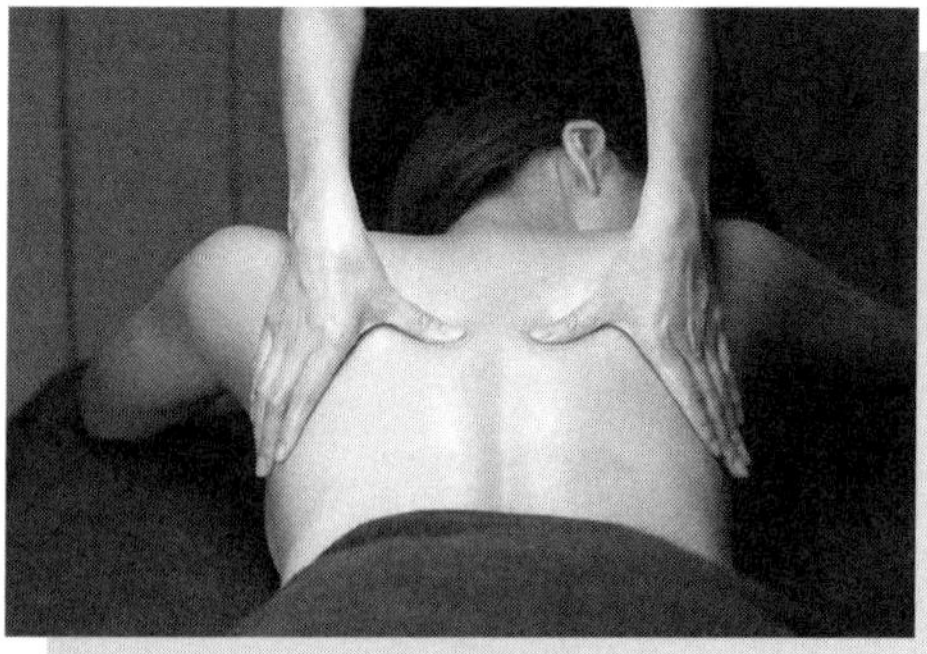

1日の
スケジュール

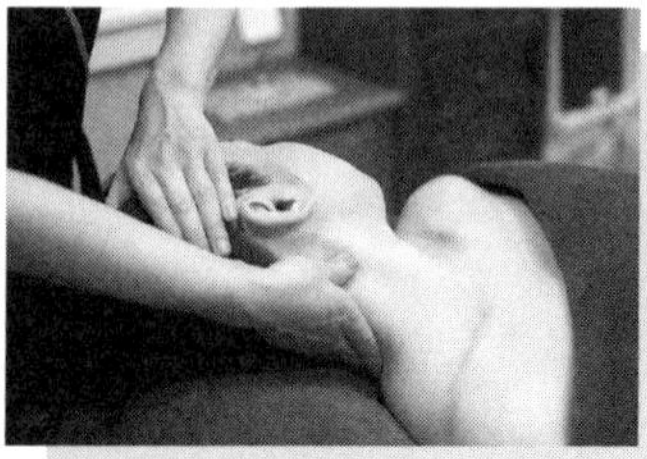

6:00 起床・娘の弁当作り

6:30 娘の身支度手伝い・自身の準備

7:30 娘を学校に送り出す

8:00 サロンの準備・備品チェック

9:00 1部予約スタート（3名様）

14:00 休憩・仕入れ・SNS更新

15:00 2部予約スタート（3名様）

20:30 帰宅・娘との夕食

22:00 予約管理・経理作業

24:00 就寝

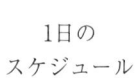

覚悟が人生を変える

私は以前、まさか自分が起業するなんて夢にも思っていませんでした。大手商社に新卒で入社し、周りからうらやましがられる人生を歩んでいると思っていました。28歳で結婚し、30歳で長女を出産。幸せな家庭を築いていくはずでした。

しかし、現実は違いました。

夫は徐々に本性を現し始めました。些細なことで怒鳴られ、私の言動を否定され続け、「お前には価値がない」と言われ続けました。心が徐々に蝕まれていく感覚。そんな日々を過ごすうちに、娘のためにも、自分のためにも、この結婚生活を終わりにしなければならないと強く感じるようになりました。

33歳のとき、ついに離婚を決意しました。

シングルマザーとして3歳の娘を育てながら、必死に就職活動をしました。しかし、面接に行くたびに「子育て中で急な残業は難しいですよね」「シングルマザーだと休みが多くなりそうで……」と、言葉には出さないものの、明らかな不安を感じさせる反応ばかり。

結局、パートの仕事しか見つかりませんでした。元夫からの養育費もなく、生活は本当に苦しかったです。毎晩、娘が寝た後にため息をつきながら、家計簿とにらめっこする日々

このまま続けていても、未来は見えません。

「このままじゃダメだ。自分で何かを始めるしかない」

その思いは日に日に強くなっていきました。でも、私には特別なスキルも資格もありません。

ただ、昔から美容には人一倍の興味がありました。エステや化粧品の情報を集めるのが好きで、友人にスキンケアの相談をされることも多かったんです。

「そうだ、美容サロンを始めてみよう」

決断するまでに何度も悩みましたが、子育てをしながらでも始められる自宅サロンなら可能かもしれない。そう考えて、貯金を切り崩してエステスクールに通い始めました。

スクールの授業料は決して安くありませんでした。

でも、「これが最後のチャンス」という思いで、思い切って投資することにしました。昼間は娘を保育園に預けてパートに出て、夜は母に娘を見てもらいながらスクールに通う生活。

そうして技術を習得し、中古のエステベッドを購入。ついに自宅サロンをオープンすることができました。

私がこの経験を通してあなたに伝えたいのは、新しいことを始めるのは誰でも怖いということです。私だって、貯金を切り崩してスクールに通うとき、本当に不安でした。でも、「絶対にやる！」という覚悟を決めることで、その後の行動が変わってきます。

覚悟を決めるための形は人それぞれでいいと思います。私の場合は、高額なスクールに通うことで自分に退路を断たせました。あなたにとっての覚悟の形は、また違うかもしれません。

大切なのは、その一歩を踏み出すこと。踏み出さなければ、何も始まりません。

学びへの投資が道を開く

自宅サロンをオープンした興奮も束の間、現実は厳しいものでした。オープン後2ヶ月が経っても、予約はほとんどありません。1週間に1人お客様が来れば良い方でした。SNSで宣伝してみても、友人が「いいね」をつけてくれるだけ。本当のお客様は全く増えません。

毎晩、娘が寝たあとにスマートフォンとにらめっこして、どうやったらお客様が来てくれるのか考えました。でも、答えは見つかりません。

貯金は底をつきかけ、このままでは生活できないという焦りで、夜も眠れない日々が続きました。そんなとき、美容サロンの集客に特化したセミナーの広告を見つけました。

正直、またお金を使うのは怖かったです。でも、このまま何も変えなければ、確実にサロンは潰れてしまう。意を決して、セミナーを申し込みました。

そこで学んだことは、衝撃的でした。

今まで私は「良い技術があれば、お客様は自然と来てくれるはず」と思い込んでいました。でも、それは大きな間違いでした。どんなに素晴らしいサービスでも、お客様に伝わらなければ意味がありません。

セミナーでは、ターゲット設定の重要性や、ＳＮＳでの効果的な発信方法、リピーターを増やすための仕組みづくりなど、具体的な方法を学びました。

「なんて馬鹿だったんだろう。こんな基本的なことも知らずに、サロンを始めてしまった……」

でも、後悔している場合ではありません。学んだことを即実践に移しました。

まず、ターゲットを「30代後半～40代前半の働く女性」に絞り込みました。彼女たちの悩みや欲求を深く理解し、それに応えるメニューを作成。ＳＮＳでは、before/after の写真を効果的に使い、施術の詳しい説明を加えるようにしました。

すると、少しずつですが、予約が入り始めました。

最初は月に3人だったお客様が、5人、10人と増えていきました。そして半年後には、なんと予約が取れないサロンになっていたのです。

この章で私があなたに伝えたいのは、2つあります。

1つ目は、学びへの投資を惜しまないということ。私は集客セミナーに参加することで、サロン経営の本質を学ぶことができました。最初から全てを知っている人なんていません

必要な知識は、必要なときに学べばいいのです。

2つ目は、ビジネスにおいて集客は命だということ。どんなに素晴らしいサービスも、お客様に届かなければ意味がありません。起業を考えているなら、必ず「どうやってお客様を集めるか」を考えておく必要があります。

幸せの形は自分で決める

予約が取れないサロンになり、次第に自宅での営業に限界を感じ始めました。来店されるお客様からも「もっと広い場所だといいのに」という声をいただくようになり、店舗を持つことを真剣に考え始めました。

とはいえ、店舗を借りるということは、家賃という固定費が発生します。娘の将来のことを考えると、慎重にならざるを得ません。

それでも、お客様により良い環境でサービスを提供したいという思いが強くなり、物件探しを始めることにしました。

不動産屋さんを回り、何件も内覧させていただきました。そんな中、一目で「ここだ！」と感じる物件に出会いました。京都の古い町家を改装した物件で、白壁に木の温もりが感じられる、落ち着いた雰囲気の空間でした。

家賃は決して安くありませんでしたが、直感を信じて即決で契約しました。内装工事も最小限に抑え、1ヶ月後には移転オープンすることができました。

このとき、多くの人から「従業員を雇って規模を拡大したら？」とアドバイスをいただきました。確かに、売上を考えれば、それが正解かもしれません。

でも、私は考えました。本当に私は、人を雇って組織を作りたいのか？　従業員の教育やマネジメントに時間を使いたいのか？

答えは「ノー」でした。

私が望んでいたのは、お客様一人一人と深く向き合い、心を込めてケアができる環境。そして、娘との時間も大切にできる働き方でした。

だから、あえて「ひとり社長」の道を選びました。

店舗は自宅サロン時代から近い場所だったこともあり、既存のお客様のほとんどが継続して来てくださいました。さらに、新しいお客様も増え、オープンから3ヶ月で3ヶ月先まで予約が埋まる状態に。

店舗が広くなったことで、最新の美容機器も導入することができました。手技と機器を組み合わせることで、さらに効果の高い施術を提供できるようになり、お客様の満足度も上がっています。

起業は必ずしも「売上を伸ばすこと」がゴールではないということです。

大切なのは、自分にとっての幸せとは何かを考え、その実現のために行動すること。

私の場合は、「お客様との深い関係性」と「娘との時間」を大切にしたいという思いから、あえて小規模なサロンを選択しました。

諦めないことが道を拓く

振り返ってみると、不思議な気持ちになります。

昔の私は、起業なんて考えたこともありませんでした。むしろ、「安定した会社で働き続けたい」と思っていた人間です。

それが今では、京都で自分のサロンを経営し、年商2000万円を売り上げるまでになりました。人生って、本当に何が起こるか分かりませんね。

でも、これは決して偶然ではありません。

私がサロンを始めたのは、「こんな人生を歩みたい」という強い思いがあったからです。娘と幸せに暮らしたい。自分の力で生きていきたい。そんな思いを実現するための手段として、起業という選択肢を選んだだけなんです。

もちろん、簡単な道のりではありませんでした。

お金の不安、技術への不安、集客への不安……。何度も「もう辞めよう」と思いました。特に、自宅サロンを始めた直後は、毎日のように涙を流していました。

でも、諦めませんでした。

なぜなら、「これ以外の選択肢はない」と思っていたからです。娘のためにも、自分のためにも、絶対に成功させなければならない。その思いが、どんな困難も乗り越えさせてくれました。

一歩を踏み出すことを決意しようとしているあなたへ、最後にメッセージを送らせてください。

これから、きっと様々な困難に直面すると思います。不安で眠れない夜もあるでしょう

「もう無理かも」と思うこともあるはずです。
でも、神様は乗り越えられない試練は与えないと私は信じています。

諦めないでください。もがき続けてください。

必ず、道は開けます。

そして、その先にある景色は、きっとあなたが思い描いていた以上に素晴らしいものになっているはずです。

私がそうだったように。

あなたへの
メッセージ

最初から完璧な準備なんて
必要ありません。
私も何もない状態からの
スタートでした。
大切なのは、
自分の人生を変えたいという強い想い。
その気持ちがあれば、
必要なものは全て
途中で見つかっていきます。
あなたの一歩を、私は応援しています。

目黒あやさんへの
お問合わせはコチラ

のらりくらりから
道が開けるまで
居酒屋のフリーターが、
流れに身を任せ
直感を信じて辿り着いた
究極の焼き鳥職人への軌跡

炭火焼鳥八木 代表
飲食店経営

八木あつし

1979年静岡県生まれ。高校卒業後、地元の居酒屋でアルバイトとして働く。23歳でイタリアンレストランに転職し、料理の基礎を学ぶ。28歳で焼き鳥店に転職し、技術を習得。35歳で静岡市内に焼き鳥店「炭火焼鳥八木」をオープン。カウンター6席の小規模店ながら、一本一本丁寧に焼き上げる焼き鳥と温かな接客で固定客を獲得。コロナ禍を機に、焼き鳥のフルコーススタイルを確立。現在は完全予約制の2部制で営業を行い、3ヶ月先まで予約が埋まる人気店として知られる。座右の銘は「流れに身を任せ、直感を信じる」。

1日の
スケジュール

9:00 起床・市場での仕入れ

10:30 帰店・仕込み作業開始

14:00 炭火おこし・準備

16:00 休憩

17:00 1部営業開始

20:00 2部営業開始

22:30 営業終了・清掃

23:00 翌日の仕込み下準備

24:00 帰宅

25:00 入浴・就寝

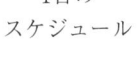

すべては流れに身を任せることから始まった

「八木さん、今日も美味しかったよ。また来週も予約していいかな？」

常連のお客様がそう言って帰られるのを見送りながら、私は10年前の自分を思い出していました。

今では静岡で評判の焼き鳥屋を営む私ですが、かつては本当にダメな人間でした。特に高校を卒業してからは就職もせず、地元の居酒屋でフリーターをしていました。特に夢もなく、ただなんとなくお酒を注ぎ、料理を運び、毎日をのらりくらりと過ごしていました。

そんな私の人生が大きく変わったのは23歳のときでした。

居酒屋で働いていたとき、常連のお客様から「うちのイタリアンレストランで働いてみないか?」と声をかけていただきました。

正直なところ、イタリアンレストランなんて高級そうで、自分には無理だと思いました。

でも、このまま居酒屋でアルバイトを続けていても何も変わらない。そう思い、藁にもすがる思いで「お願いします」と返事をしました。

イタリアンレストランでの仕事は、想像以上に厳しいものでした。

包丁の持ち方から何もかもが違う。慣れない専門用語、見たこともない食材、素材の扱い方……。毎日のように怒られ、何度も「もう辞めよう」と思いました。

でも、不思議なことに足は前に進み続けていました。

今思えば、「他にやることがない」という投げやりな気持ちが、逆に私を支えていたのかもしれません。

「どうせダメな奴なんだから」と自分に言い聞かせながら、でも毎日必死に包丁を握り続けました。失敗を重ねながらも、少しずつですが料理の基礎を身につけていきました。

今、カウンター席6席の小さな焼き鳥屋を経営している私ですが、この店は私の全てを注ぎ込める場所です。1日2回転、スタッフも入れずに自分一人でやっています。なぜ一人でやっているのか？　それは、お客様一人一人と向き合い、心を込めて焼き鳥を焼きたいからです。効率や売上を考えれば、席数を増やしてスタッフを入れた方がいいのかもしれません。でも、それは私の目指す焼き鳥屋ではないのです。

よく若い人から「起業するにはどうしたらいいですか？」と聞かれます。でも、私には正解を言える立場にありません。なぜなら、私自身が流れに身を任せてここまで来たからです。

ただ、一つだけ言えることがあります。

それは、たとえ今の自分がダメだと思っていても、目の前のことに真摯に向き合い続ければ、必ず道は開けるということ。

私がイタリアンレストランで学んだのは、料理の技術だけではありません。「何かを極めることの大切さ」を、身をもって教えていただきました。

直感を信じて掴んだチャンス

28歳のとき、私の人生に第二の転機が訪れました。
知人から「焼き鳥屋で正社員を探しているんだけど、興味ない？」と声をかけられたのです。

そのとき、不思議と心が躍りました。それまでイタリアンの世界で必死に学んできて、やっと一人前になりかけていた時期。普通なら「今さら焼き鳥？」と思うはずです。
でも、直感が「行け」と告げていました。

「やらせてください」

その一言で、私は再び未知の世界に飛び込むことになりました。

焼き鳥の世界は、想像以上に深いものでした。

一見すると、ただ串に刺した鶏肉を炭火で焼いているだけに見えます。でも、実際はそうではありません。

鶏の捌き方一つとっても、その日の気温や湿度によって微妙に変える必要があります。炭の置き方で火力が変わり、串の打ち方で食感が変わる。火入れの強弱で、同じ部位でも全く違う味わいになります。

毎日が試行錯誤の連続でした。正解のない問題に、自分なりの答えを見つけていく。そんな過程が、不思議と楽しくてたまりませんでした。

「八木君の焼く焼き鳥、最近うまくなってきたね」

お客様からそんな言葉をいただけるようになると、もっと美味しいものを提供したいという気持ちが強くなっていきました。

気がつけば、焼き鳥は私の天職だと思えるようになっていました。そして33歳頃から、「自分の店を持ちたい」という思いが芽生え始めました。

その思いが具現化したのは、34歳のときです。

ある日、仕事帰りに見慣れない道を通ったとき、一軒の空き店舗が目に入りました。古い木造の建物で、決して新しくはありません。でも、そこで焼き鳥を焼いている自分の姿が、鮮明に浮かんできたのです。

すぐに不動産屋に電話をし、内覧させてもらいました。店内に立った瞬間、「ここだ」という確信めいた感覚が全身を包みました。

契約の話をまとめた後、当時お世話になっていた焼き鳥屋の大将に相談しました。すると、「独立か。がんばれよ」と、想像以上に温かい言葉で送り出してくれたのです。

この章で私が伝えたいのは、人生は流れに身を任せることも大切だということです。必要以上に計画を立てたり、完璧を求めすぎたりする必要はありません。むしろ、流れに身を任せていると、必ずチャンスは訪れます。大切なのは、そのチャンスが訪れたときに、自分の直感を信じて行動を起こせるかどうか。

私の場合は、イタリアンから焼き鳥への転身も、自分の店を持つ決断も、すべて直感を信じた選択でした。

現状維持は衰退の始まり

35歳で自分の店をオープンしました。カウンター席だけの小さな店。でも、ここなら自分の理想とする焼き鳥屋ができると確信していました。

一人一人のお客様と会話を楽しみながら、目の前で1本1本丁寧に焼き上げる。そんな空間を作りたかったのです。

ただ、現実は厳しいものでした。

オープンから3ヶ月は、本当に苦しい日々が続きました。家賃、仕入れ、光熱費……。固定費は容赦なく発生します。それなのに、お客様は思うように来てくれません。

毎日、閉店後に一人で片付けをしながら「このまま続けていけるのだろうか」と不安に押しつぶされそうになりました。

でも、諦めずに自分の信じる道を進み続けました。

串を打つ音、炭火の香り、お客様との会話……。この空間で過ごす時間が、私にとってかけがえのないものだったからです。

すると、4ヶ月目から少しずつ変化が現れ始めました。

「この前来て美味しかったから、また来ました」「友達に紹介されて来てみました」

口コミで少しずつお客様が増え、リピーターも着実に増えていきました。

そして4年が経ち、店も軌道に乗ってきたとき、私は大きな決断をします。

それまでは予約なしで気軽に立ち寄れる店でしたが、完全予約制に変更したのです。

正直、不安もありました。でも、より計画的な仕入れができるようになり、お客様一人一人にさらに丁寧な対応ができるようになりました。

結果として、この決断は正解でした。無駄な仕入れがなくなり、利益率も上がりました。何より、お客様との時間をより大切にできるようになったのです。

私がこの経験を通してあなたに伝えたいのは、現状維持は実は衰退の始まりだということです。

うまくいっているときこそ、次の挑戦をする。それが自分の成長につながり、結果としてお客様により良い体験を提供することができます。

危機は新たな挑戦のチャンス

順調だった店に、大きな試練が訪れたのは２０２０年のことでした。

新型コロナウイルスの影響で、突然の営業自粛要請。売上は文字通りゼロになりました。

飲食業界以外での経験がない私にとって、この状況は本当に苦しいものでした。

毎日、天井を見上げながら「これからどうなるんだろう」と考え続けました。

でも、この危機的状況で、私は立ち止まって考えることにしました。

「今までの営業スタイルは、もう通用しないかもしれない」

「だとしたら、この機会に思い切って変えてみよう」

そして決意したのは、営業形態を大きく変更すること。具体的には、２部制の完全予約制とし、焼き鳥をフルコースで提供するスタイルに変更することにしました。

緊急事態宣言が明けて営業を再開したとき、私の予想を超える反響がありました。

「焼き鳥のフルコースなんて初めて」

「一つ一つの串に込められた想いが伝わってきます」

新しい営業スタイルは、お客様から想像以上の支持をいただき、すぐに予約が埋まるようになりました。

振り返ってみると、私の人生は本当に不思議なものです。

最初は特に目標もなく、のらりくらりと生きていました。でも、その時々の流れに身を任せ、直感を信じて行動してきたことで、今の自分がいます。

うまくいっているときは、つい現状に安住しがちです。でも、そういうときこそ新しいことにチャレンジする。それが、結果として自分の成長につながるのだと思います。

この本を手に取っているあなたは、きっと今の自分を変えたいと思っているはずです。

その気持ちこそが、新しい一歩を踏み出すためのエネルギーになります。

完璧な準備がなくても構いません。いまの自分に自信がなくても大丈夫です。

私がそうだったように、道は必ず開けます。

大切なのは、その一歩を踏み出す勇気。

今こそ、あなたの人生を変える絶好のタイミングなのです。

あなたへの
メッセージ

誰にだって不安はあります。
僕もそうでした。
でも、流れに身を任せ、
自分の直感を信じて行動を起こすことで、
思いもよらない場所に辿り着けました。
完璧な準備なんていりません。
あなたの人生を変えるのは、
その一歩を踏み出す勇気なんです。

八木あつしさんへの
お問合わせはコチラ

誰もが持つ光を信じて
自己否定の檻から抜け出し
人々の才能を引き出す
コンサルタントになるまで
傷ついた少女が見つけた
本当の自分

Strengths Development株式会社 代表取締役
能力開発コンサルタント

吉岡綾

1989年岐阜県生まれ。大学卒業後、医療機器メーカーに営業職として入社。27歳でうつ病を発症し退職。療養中に自己の才能開発に目覚め、個人向け才能発掘診断からキャリアをスタート。現在は企業研修を中心とした能力開発コンサルタントとして活動。一人ひとりの持つ才能や強みを発見し、それを活かすサポートを行う。クライアントの「気づきの瞬間」を大切にした丁寧なアプローチには定評があり、多くの企業から継続的な依頼を受ける。

1日の
スケジュール

7:00 起床・メールチェック

8:30 1日の予定確認・資料準備

9:00 企業研修(オンライン/対面)

12:00 ランチ休憩・SNS更新

13:00 個別コンサルティング(2件)

15:00 研修資料作成・企画書作成

17:00 新規クライアントとの打ち合わせ

19:00 夕食・リフレッシュタイム

24:00 就寝

自己否定の檻から抜け出すまで

「あなたには、こんな素晴らしい才能があったんですよ」

目の前のクライアントさんの目が輝き始めます。自分の強みを発見した瞬間の、その表情の変化を見るたび、私は自分の仕事を心から愛おしく感じます。

現在、私は能力開発コンサルタントとして、企業研修を中心に活動しています。一人ひとりが生まれ持った特性や個性、強みを発見し、それをどのように伸ばし、活かしていけばよいのかをお伝えする仕事です。

でも、つい10年前までの私は、自分に何の価値も見いだせない人間でした。

その原点は、私の幼少期にまで遡ります。

６歳のとき、両親が離婚しました。３歳下の妹と私は、母に育てられることになります。母は必死で私たち姉妹を育ててくれました。でも、生活の苦労からか、ストレスを私にぶつけることも多くありました。

「あなたは何もできない子！」

「役に立たない！」

幼い私に向けられた言葉の数々は、深く心に刺さりました。それは、大人になっても消えることのない傷となって、私の中に残り続けていたのです。

大学を卒業して医療機器メーカーの営業職に就いても、同じでした。何か失敗があるたびに、頭の中で母の声が響きます。

「だって、私はできない子だから……」

自分を否定し続ける日々。営業のノルマは達成できず、上司からは厳しい言葉を投げかけられる毎日。自分を変えたいと必死でもがいていましたが、むしろ追い詰められていくばかり。

そして27歳のとき、ついに限界が訪れました。

ある朝、突然体が動かなくなったのです。寝たきりの状態で、医師からは「うつ病です」と告げられました。

今でも鮮明に覚えています。

真っ暗な部屋で天井を見つめながら、「私の人生は、このまま終わってしまうのかもしれない」と、震える手で涙を拭っていた日々を。

自分の才能との出会い

会社は最初のうちは休職扱いでしたが、結局退職することになりました。幸い、少しばかりの貯金があったので、しばらくはそれで生活をしていました。

体調が少しずつ回復してきた頃、まるで自分探しをするかのように、様々な本を読みあさっていました。自己啓発、心理学、哲学……。

そんな中で出会った一つの言葉が、私の人生を大きく変えることになります。

「誰にだって強みや才能はある」

今の時代では、当たり前に聞こえるかもしれません。でも、当時の私にとって、それは衝撃的な言葉でした。今まで「自分には何もない」と思い込んでいた私にとって、この言葉は目から鱗が落ちる体験でした。

そして、本を読み進めていくうちに、私は自分の中にある「才能」に気づき始めました。

それは、「他人を観察して、その人の良いところを見つけ出す力」でした。

振り返ってみると、私はいつも人の行動や言葉をよく観察していました。「この人は何を考えて、こんな行動をしているんだろう？」と、自然に分析していたのです。

他人の良いところを見つけては、それを羨ましく思うことも多々ありました。でも、それこそが私の才能だったのです。人の持つ光る部分を見つけ出す、その感性こそが。

「これが私の才能なんだ」

その気づきは、私の中で大きな転換点となりました。

同時期、私は組織に属して働くことにも限界を感じていました。そこで、フリーランスとして働く道を模索し始めました。

最初は、ココナラというプラットフォームで、才能発掘診断を始めました。料金は５００円という破格の値段。でも、それは私にとって大切な経験を積む機会となりました。クライアントが自分の才能に気づき、目を輝かせる瞬間。その表情を見るたびに、私は大きなやりがいを感じました。

そして、次第に確信が持てるようになりました。


「私にしかできない仕事がある」


この章を通して、私はあなたに伝えたいことがあります。

誰でも自分のことは見えにくいものです。できないと思い込んでいる部分の近くに、実は大きな強みが眠っているかもしれません。

呼吸をするように当たり前にしていることが実は特別な才能かもしれません。

どれだけ自分をダメな人間だと思い込んでいても、必ず才能はあるのです。

新たなステージへの挑戦

転機は思いがけないところからやってきました。

個別セッションを１００人以上経験した頃、過去のクライアントから一本の連絡が入ります。

「知り合いの社長さんが、会社で研修をしてほしいと言っているんです。紹介してもいいですか？」

正直、迷いました。今まで企業研修など経験したことがありません。でも、どこかで次のステップに進まなければならないとも感じていました。

「やってみましょう」

震える声で答えた言葉は、新たな挑戦の始まりでした。

初めての企業研修は、緊張の連続でした。でも、これまでの個別セッションでの経験が、確かな自信となって私を支えてくれました。

研修は大好評でした。「定期的にやってほしい」という声をいただき、その会社との定期研修が決まりました。

その後は、まさに連鎖反応のように広がっていきました。その社長さんからの紹介で新しいクライアントを獲得し、そこからまた次へとつながっていく。気がつけば、企業研修がメインの仕事になっていました。

この章で私が伝えたいのは、誰でも初めての挑戦は怖いということです。

でも、その恐怖を乗り越えて一歩を踏み出すと、思いもよらない世界が広がっているものです。

それは、まさに新しいステージへの扉が開かれるような体験でした。

あなたの中の光を信じて

今、過去を振り返ると、不思議な気持ちになります。

裕福とは言えない家庭で育ち、20代後半まで「自分は出損ない人間だ」と自分を卑下して生きてきた私。しかし、たった一つの才能との出会いが、私の人生を大きく変えました。

真っ暗だった人生に、一筋の光が差し込んだ瞬間から、すべてが変わり始めたのです。

今、この本を読んでいるあなたも、もしかしたら「私には何もない」と思っているかもしれません。

しかし、私は断言できます。

あなたの中には、必ず輝く何かがあります。それは、あなたを輝かせるだけでなく、きっと誰かの人生も明るく照らすことができる光です。

その光を見つけ出す勇気を持ってください。

なぜなら、あなたは「できない人」ではないからです。ただ、まだ自分の才能に気づいていないだけだから。

あなたへのメッセージ

あなたは、あなたは今、
自分には何もないと
思っているかもしれません。
私もそうでした。
しかし、必ずあなたの中に
輝く才能が眠っています。
それを見つけ出す勇気さえあれば、
人生は劇的に変わるはず。
その一歩を、今踏み出してみませんか？

吉岡綾さんへの
お問合わせはコチラ

安定を捨てた先に
見つけた夢
公務員から
インターネットラジオ局の代表へ
700万円の借金を乗り越えた
28歳の決断——

Entrepreneur RADIO 代表
インターネットラジオ事業

和田剛

1989年兵庫県生まれ。私立大学卒業後、兵庫県内の市役所に公務員として入庁。安定した生活に疑問を感じ始め、28歳で退職。借金生活を経験しながらも、インターネットラジオ局「Entrepreneur RADIO」を設立。熱意のある起業家や専門家をゲストに迎え、毎日生放送を配信します。現在は月間リスナー数10万人を超える人気ラジオ局に成長。「挑戦する人の声を発信する」をモットーに、全国の起業家の想いを発発信し続けている。

1日の
スケジュール

6:00 起床・朝食&準備

11:00 午前の番組収録

12:00 ランチミーティング

14:00 企画業務

15:00 午後の番組収録

19:00 夕方の情報発信

20:00 退社・夕食

24:00 就寝準備

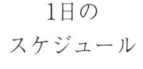

安定を求めた人生からの解放

「はい、それでは本日のゲストをお迎えしたいと思います」

私は今、インターネットラジオ局の代表として、毎日このような言葉を口にしています。

起業家やビジネスパーソンをゲストに迎え、彼らの生の声を届けるラジオ番組を制作・配信する事業を手がけています。番組を持ちたい方やゲストとして出演したい方からスポンサー料をいただき、それを収益の柱としているのですが、5年前の私には、まさか自分がこんな仕事をしているとは想像もできませんでした。

というのも、28歳でこの事業を立ち上げるまでの私は、いわゆる「堅実な道」を歩んできた公務員だったからです。

一人っ子として生まれ、両親の期待を一身に受けて育ちました。中学から私立一貫校に通い、エスカレーター式で高校まで進学。大学も関西の有名私立大学に指定校推薦で進学することができました。

「せっかく良い大学に入ったんだから、安定した職業に就くべきだよ」

これは当時、父がよく口にしていた言葉です。その言葉に従順に従い、公務員試験の勉強に励みました。結果、市役所職員として採用が決まった時は、両親も親戚も、そして私自身も、これで人生は安泰だと喜んだものです。

しかし、公務員生活は私の想像とは少し違っていました。確かに初年度は覚えることも多く、充実していました。

ところが2年目に入ると、業務にも慣れ、毎日が単調なルーティンの繰り返しに感じられるようになりました。

「これが定年まで続くのか……」

机に向かいながら、そんな思いが頭をよぎるようになりました。周りから見れば、安定した収入があり、残業も少なく、休日もしっかりとれる恵まれた環境。でも、私の心の中では確実に違和感が大きくなっていきました。

30歳、40歳、50歳……先の人生が見えすぎているような気がしてなりませんでした。

そんな時、ふと目にしたのが起業家のインタビュー記事でした。自分の信念を持ち、それを実現するために奮闘する姿に、何か心を揺さぶられるものを感じました。

休日は起業関連の本を読み漁るようになりました。経営戦略、マーケティング、財務…様々な知識を詰め込もうとしましたが、どこか空回りしている感覚も否めませんでした。

「このままじゃダメだ。何か行動を起こさないと」

そう思い立ったのは、入庁して3年が経とうとしていた頃でした。理論や知識も大切ですが、まずは実践あるのみ。そう決意し、小さな一歩を踏み出すことにしたのです。

暗闇の中での模索

最初に取り組んだのは、恋活イベントの企画でした。

当時、飲み会つながりで持っていたＬＩＮＥの人脈を活用しようと考えたのです。知り合いを通じて、都心部のタワーマンションに住む経営者と出会い、そこで月1回のイベントを開催することになりました。

公務員には副業が禁止されているという決まりがありましたが、正直なところ、その時はそんなルールすら気にならないほど、何かを始めたい気持ちでいっぱいでした。

イベントは1年半ほど続けましたが、次第に物足りなさを感じるようになりました。「これだけじゃ独立なんてできない」という焦りが募っていきました。

そこから、いわゆる副業ビジネスと呼ばれるものに手を出し始めます。起業セミナーにも通い始めました。

元々、貯金らしい貯金もなかった私は、セミナー代やビジネス投資の資金を捻出するため、クレジットカードのリボ払いを利用するようになりました。借金は雪だるま式に増えていきました。

そんな追い詰められた状況の中で、なぜか「ここで踏ん張らなきゃいけない」という思いが強くなり、両親にも相談せずに公務員を退職してしまいました。

収入は途絶え、貯金はなく、借金だけが増えていく……まさにニート状態でした。

生活費を捻出するために更にリボ払いやキャッシングを重ね、借金は700万円まで膨らみました。

「もうダメかもしれない」と追い詰められていた時、思いがけない出会いがありました。以前のイベントで知り合った社長から「インターネットラジオ局をやってみないか?」という話を持ちかけられたのです。

この経験を通してあなたに伝えたいことは、諦めなければ必ず道は開けるということです。

確かに、公務員を辞めてからは何度も「バイトでもして食いつないでいこうか」「もう一度就職しようか」と考えました。

でも、そこで妥協してしまえば、本当にやりたいことから遠ざかってしまう。その思いだけは忘れずに、必死で前に進み続けました。

光明との出会い

インターネットラジオ局の話を聞いた時、私の直感が「これだ！」と叫びました。躊躇なく「やります！」と即答したのを覚えています。

ただし、現実は厳しく、スタジオの機材を購入するお金も、場所を借りる資金もありませんでした。借金まみれの状態で新たな事業を始めることへの不安を正直に相談したところ、その社長は驚くべき提案をしてくれました。

「君の熱意は伝わった。必要な資金は私が出そう」

この言葉に、思わず涙が出そうになりました。誰かが自分を信じてくれる。その温かさが、凍えるような不安を溶かしてくれました。

インターネットラジオ局を立ち上げてからは、ＳＮＳを活用して意欲的な起業家たちにアプローチしました。自分の想いを熱く語り、番組への出演をお願いしました。予想以上に多くの方が快く応じてくださり、中には定期的に番組を持ちたいという方も現れ始めました。

事業は徐々に軌道に乗り始め、社長から借りた資金も1年という予想以上のスピードで返済することができました。今では安定した収益を上げ、新たなチャレンジも続けています。

この経験から学んだのは、本気で取り組む姿勢があれば、必ず誰かが見ていてくれるということ。そして、その想いに共感してくれる人は必ずいるということです。

自分らしい人生の始まり

振り返ってみると、私の人生は安定を手放してから本当の意味で始まったように感じます。それまでは、親や周囲の期待に応えることばかりを考え、用意された道を歩いているだけでした。

確かに起業してからの道のりは平坦ではありませんでした。借金を抱え、不安と戦い、時には後悔することもありました。

でも、そのすべての経験が、今の私を作っています。公務員時代には感じることのできなかった、人生を生きている実感があります。

今、この本を読んでいるあなたも、もしかしたら同じような思いを抱えているかもしれません。毎日が単調で、これでいいのかと悩んでいる方もいるでしょう。そんなあなたに伝えたいのは、180度違う生き方を選択する勇気を持つことも、時には必要だということです。

もちろん、今までの生活や安定を手放すことは、大きな決断です。不安や迷いがあるのは当然でしょう。でも、その一歩を踏み出す勇気さえあれば、必ず道は開けます。

私は今、毎日がわくわくします。新しい番組の企画を考えたり、素晴らしいゲストとの出会いがあったり。そのすべてが、あの決断があったからこそです。

最後に、この本を読んでくださっているあなたへ。

今の生活に違和感を覚えているなら、それはあなたの心が何かを求めているサインかもしれません。その声に耳を傾け、一歩を踏み出す勇気を持ってください。

必ずしも起業である必要はありません。ただ、自分の心に正直に向き合い、行動を起こすことが大切なのです。

その一歩が、あなたの新しい人生の始まりとなることを、心から願っています。

あなたへの
メッセージ

人生は、誰かが決めたレールの上だけを
走り続ける必要はありません。
確かに安定を手放すことは
怖いかもしれない。
でも、諦めずに行動し続ければ、
必ず道は開かれます。
大切なのは、
今の自分に正直になること。
あなたの心が求めているのなら、
その一歩を踏み出してください。

和田剛さんへの
お問合わせはコチラ

おわりに

最後まで読んでいただき、ありがとうございました。

7人の起業ストーリーを通して、今、どんな思いでしょうか。

仕事の内容、起業までのプロセス、生き方や考え方はさまざまだとおわかりいただけたかと思います。

一方で、彼らに共通することは何でしょう。

それは、決して毎日を煌びやかに過ごしてきたわけではないということです。

あらゆる課題を乗り越えてきたからこそ、今の彼らがいます。

そして現状にとどまらず、新たなチャレンジに挑むことで、起業家として成長し続けているのです。

起業をするにあたっては、誰もがゼロからスタートしますが、「なかなか一歩が踏み出せない」という方は少なくありません。

スタートこそ、難しいのです。

しかし、本書を読み終えた今こそ、行動するチャンスです。

ぜひ、一歩踏み出してみましょう。

本書の中に「考え方に共感した」または「参考にしたい」と思った起業家がいたら、SNSやホームページをチェックしてみたり、メッセージを送ってみたりしてください。

もしかしたら、あなたにとって勇気がいる行動かもしれません。

しかし、その一つの行動が、あなたの人生を動かすきっかけになることもあるのです。

本書が、あなたの人生を変えるきっかけになることを願っています。

最後に、本書に登場した7人の起業家に、感謝を綴ります。

忙しい中、過去を振り返りながらの執筆は大変な苦労を要したことと思います。皆様の経験は、本書を通して多くの方の励みになることでしょう。

これからも、皆様の活躍を心からお祈りしています。

Rashisa（ラシサ）出版編集部

7人の起業ストーリーから学ぶ
「ひとり起業」最初の一歩

2024年12月17日　初版第1刷発行

著者　Rashisa出版（編）
小田恵理香／阪下大／下山晃／目黒あや／八木あつし／吉岡綾／和田剛

発行者　Greenman
ブックデザイン　二ノ宮匡

発行所：Rashisa出版（Team Power Creators株式会社内）
〒558-0013 大阪府大阪市住吉区我孫子東2-10-9-4F
TEL：03-5464-3516

発　売：株式会社メディアパル（共同出版者・流通責任者）
〒162-8710 東京都新宿区東五軒町6-24
TEL：03-5261-1171

印刷・製本所：株式会社堀内印刷所

ISBNコード：978-4-8021-3494-1
Cコード:C0034